LISA NIESCHLAG ◆ LARS WENTRUP

Wiener WEIHNACHTS-KÜCHE

Food–Fotografie

Lisa Nieschlag

Rezepte

Alexander Höss-Knakal

Stadtfotografie

Julia Dávila-Lampe
Christian Kremser

Hölker Verlag

INHALT

Süß & köstlich

Vanillekipferl 10

Christstollen 12

Nussbusserl 14

Eisenbahner 18

Linzer Augen 20

Topfenauflauf mit Zwergorangenkompott 22

Rumknödel mit Rotweinpflaumen 26

Mohnnudeln mit Vanillesauce 28

Maroniparfait mit eingelegten Kirschen 30

Kletzenbrot 34

Herzhaft & deftig

Gebeizte Lachsforelle mit Krenmousse 44

Gänsekeulen mit Rotkraut und Äpfeln 48

Rosa gebratene Entenbrust mit Zimt
und Schupfnudeln 50

Tafelspitz mit Cremespinat und Rösterdäpfeln .. 52

Maronisuppe mit geröstetem Zimtbrot 56

Rindsuppe mit Wurzelwerk und Würsteln 58

Stephaniebraten mit Erdäpfelpüree 60

Räucherforellensulz 64

Geschmorte Rinderschulter mit Kohlsprossen .. 66

Rindsgulasch 68

Das Haus in der Landskrongasse 36

Dank 70

Team 71

Impressum 72

Weihnachtsgrüße

aus
Wien

Schau, das Christkind kommt geflogen

Wien im Advent lässt nicht nur Kinderaugen funkeln, sondern wärmt die Herzen aller Besucher. Die schönsten Plätze verwandeln sich in zauberhafte Christkindlmärkte und viele Straßen und Gassen erstrahlen in festlichem Lichterglanz. Der herrliche Duft von frisch gebrannten Maroni und würzigem Punsch liegt in der Luft und beim Bummeln, Gustieren und Staunen steigt die Vorfreude auf Weihnachten.

Egal ob man über den Christkindlmarkt auf dem Rathausplatz schlendert, den Altwiener Christkindlmarkt auf der Freyung besucht oder den wunderschönen Christbaum vor dem Schloss Schönbrunn bestaunt – Wien stimmt allerorten auf Weihnachten ein und hat für jeden etwas zu bieten. Verliebte erfreuen sich am Herzerlbaum im Rathauspark, Kinder drehen ihre Runden auf dem Nostalgiekarussell am Uni-Campus und Feinschmecker genießen an den Marktständen neben dem Steffl regionale Winterspezialitäten.

Mit unseren Rezepten für zarte Linzer Augen und fruchtiges Kletzenbrot zum Kaffee sowie Würstlsuppe, Lachsforelle und Stephaniebraten für die Festtage bringen wir die traditionelle Wiener Weihnachtsküche auf Ihre festlich gedeckte Tafel. Begleiten Sie uns auf unserem kulinarischen Streifzug durch die Donaumetropole und lassen Sie sich einstimmen auf das schönste Fest des Jahres!

Vanillekipferl

Jede Familie hat ihr eigenes Rezept für dieses traditionelle Gebäck. Es scheiden sich die Geister, ob man sie besser mit Mandeln, blanchierten Mandeln oder gar Walnüssen zubereitet. Unbestritten ist jedoch, dass zarte Vanillekipferl einfach unglaublich köstlich sind.

Für 60–70 Stück

Für den Teig
220 g kalte Butter
280 g glattes Mehl
100 g geriebene Mandeln
80 g Staubzucker
1 Packerl Vanillezucker
etwas Zitronensaft
1 Prise Salz
1 Eidotter

Weiters
150 g Staubzucker
1 Packerl Vanillezucker

Für den Teig alle Zutaten in einer Schüssel rasch verkneten. Den Teig in Frischhaltefolie wickeln und 2 Std. im Kühlschrank rasten lassen.

Das Backrohr auf 180 °C vorheizen. Den Teig in fingerdicke Rollen formen und diese in ca. 2,5 cm große Stücke schneiden. Die Stücke zu Kipferln formen, auf ein mit Backpapier ausgelegtes Backblech legen und gut 10 Min. backen.

Staubzucker und Vanillezucker mischen und die Kipferl noch warm darin wälzen.

Tipp
Den Mürbteig nicht so lange kneten, sonst wird er zu „brandig-bröckelig".

Vanille

Christstollen

Der Klassiker zu Weihnachten galt ursprünglich als Fastenspeise. Das saftige Hefegebäck voller Früchte und Gewürze, bedeckt von einer zarten Puderzuckerschicht, lässt das nur noch erahnen.

Für das Dampfl Milch mit Hefe mischen, auf 30 °C erwärmen und mit 40 g Mehl zu einem dicklichen Brei verrühren. Mit etwas Mehl bestäuben und mit einem Tuch ca. 1 Std. abgedeckt rasten lassen, bis der Teig Risse zeigt. Rum und Rosinen vermischen und 1 Std. bei Zimmertemperatur ziehen lassen.

Honig, Staubzucker, Eidotter, 1 Prise Salz, Vanillezucker und Zimt in einer Schüssel glatt rühren. Restliches Mehl, Butter„ Aranzini, Zitronat und Mandeln vermischen und mit den Rumrosinen, der Honig-Mischung und dem Dampfl verkneten. Abgedeckt ca. 1 Std. gehen lassen.

Das Backrohr auf 170 °C vorheizen. Den Teig auf einer leicht bemehlten Arbeitsfläche 2 cm dick zu einem Rechteck ausrollen. Das obere Teigdrittel in die Mitte klappen, das untere Drittel darüberschlagen. Den Stollen auf ein mit Backpapier ausgelegtes Backblech legen und ca. 20 Min. gehen lassen. Anschließend ca. 45 Min backen.

Die Butter schmelzen, den noch warmen Stollen damit bestreichen und dick Staubzucker darüberstreuen. Den Stollen in Frischhaltefolie wickeln und 1 Woche im Kühlschrank reifen lassen.

Tipp
Wenn Sie den Stollen in einer Stollenform backen, geht er nicht so auseinander. Sie können ihn alternativ an einer Seite mit einer Kastenkuchenform stützen.

Für 1 Stollen

90 ml Milch
25 g Hefe
280 g glattes Mehl plus
etwas zum Verarbeiten
50 ml Rum
70 g Rosinen
1 EL Honig
20 g Staubzucker
2 Eidotter
1 Prise Salz
1 Packerl Vanillezucker
2 Prisen Zimt
130 g weiche Butter
60 g Aranzini
60 g Zitronat
20 g gehackte Mandeln

Weiters
60 g Butter
80 g Staubzucker
zum Bestreuen

Nussbusserl

So ein „Busserl" lässt nicht nur in Wien die Herzen höherschlagen. Das beliebte Weihnachtsgebäck ist einfach nachzubacken und im Handumdrehen fertig. Die Nussbusserl kann man zusätzlich mit etwas Zimt verfeinern oder mit Zartbitterkuvertüre verzieren.

Für 20 Stück

3 kalte Eiklar
1 Prise Salz
110 g Zucker
1 Packerl Vanillezucker
140 g geriebene
Haselnüsse
Saft von ½ Bio-Zitrone
20 Haselnüsse

Das Eiklar mit dem Salz zu einem festen Schnee aufschlagen. Nach und nach Zucker und Vanillezucker unterrühren. Geriebene Haselnüsse und Zitronensaft mit einer Gummispachtel unter die Schneemasse heben. Die Masse in einen Dressiersack mit glatter Tülle (⌀ 7 mm) füllen. Das Backrohr auf 110 °C vorheizen.

Ein Backblech mit Backpapier auslegen und 20 kleine Busserl mit etwas Abstand darauf dressieren. Die Busserln mit einer ganzen Haselnuss belegen und ca. 90 Min. backen. Anschließend das Backrohr ausschalten und die fertigen Busserln im Rohr einige Stunden rasten lassen.

Eisenbahner

Mürbteig, fruchtige Himbeermarmelade und zarte Marzipancreme vereinen sich in diesem verführerischen Gebäck. Die Zubereitung der Eisenbahner erfordet ein wenig Übung und Geduld, aber der Aufwand lohnt sich.

Für den Mürbteig alle Zutaten in einer Schüssel rasch verkneten. Den Teig in Frischhaltefolie wickeln und 1 Std. im Kühlschrank rasten lassen.

Das Backrohr auf 170 °C vorheizen. Den Teig auf einer leicht bemehlten Arbeitsfläche 5 mm dick ausrollen und auf ein mit Backpapier ausgelegtes Backblech legen. Mit einer Gabel mehrfach einstechen und 13 Min. backen. Nach dem Backen sofort noch heiß in 25 cm lange und 5 cm breite Streifen schneiden. Auskühlen lassen.

Die Himbeermarmelade durch ein Sieb passieren, aufkochen und leicht überkühlen lassen. Die Hälfte der Teigstreifen mit 30 g Himbeermarmelade bestreichen. Die andere Hälfte der Teigstreifen daraufsetzen. Beiseitestellen.

Für die Marzipanmasse alle Zutaten vermischen. Die Masse in einen Spritzsack mit Sterntülle (⌀ 5 mm) füllen und links und rechts auf die Teigränder dressieren. 10 Min. bei Zimmertemperatur trocknen lassen, dabei nicht abdecken.

Das Backrohr auf 250 °C Oberhitze vorheizen. Die Eisenbahner im Backrohr 1–2 Min. abflämmen, die Kekse dabei im Auge behalten, damit sie nicht verbrennen. Die restliche Himbeermarmelade erneut aufkochen und mit einem kleinen Löffel zwischen die Marzipanstreifen füllen. Die Eisenbahner trocken aufbewahren.

Für 30 Stück

Für den Teig
100 g Staubzucker
200 g kalte Butter, klein geschnitten
300 g glattes Mehl plus etwas zum Verarbeiten
1 Eidotter
1 Packerl Vanillezucker
Abrieb von 1 Bio-Zitrone

Für die Marzipanmasse
200 g Marzipan
½ Eiklar
30 g Staubzucker

Weiters
100 g Himbeermarmelade

Linzer Augen

Linzer Augen sind typische Weihnachtskekse und verzaubern Groß und Klein. Klassisch sind sie mit Ribiselmarmelade gefüllt, wir verwenden Marillenmarmelade.

Für 20 Stück

Für den Teig

300 g glattes Mehl plus
etwas zum Verarbeiten
1 Ei
1 Packerl Vanillezucker
1 Prise Salz
100 g Staubzucker
100 g geriebene Mandeln
200 g weiche Butter

Weiters

200 g Marillenmarmelade
Staubzucker zum
Bestäuben

Für den Teig die Zutaten in einer Schüssel verkneten. Den Teig in Frischhaltefolie wickeln und 2 Std. im Kühlschrank rasten lassen.

Das Backrohr auf 180 °C vorheizen. Den Teig kurz durchkneten und auf einer leicht bemehlten Arbeitsfläche 3 mm dick ausrollen. Kreise mit 5 cm Durchmesser ausstechen. Aus der Hälfte der Kreise für die Oberteile jeweils mittig ein „Auge" mit 1 cm Durchmesser ausstechen. Alle Teigkreise auf ein mit Backpapier ausgelegtes Backblech legen und 14 Min. goldgelb backen. Auskühlen lassen.

Die Marillenmarmelade durch ein Sieb passieren, in einem Topf kurz aufkochen und etwas überkühlen lassen. Die Keksunterteile mit der Marmelade bestreichen. Die Oberteile mit Staubzucker bestreuen und darauflegen. Die Linzer Augen in einer Keksdose aufbewahren, damit sie frisch bleiben.

Topfenauflauf mit Zwergorangenkompott

Der Topfenauflauf krönt jedes Festtagsmenü. In unserem Rezept würzen wir ihn weihnachtlich und reichen ein fruchtiges Kompott aus Zwergorangen dazu.

Das Backrohr auf 190 °C vorheizen. Für den Auflauf Topfen, Grieß, Maisstärke, 20 g Zucker, Zitronen- und Orangenabrieb, Milch und Gewürze mit dem Schneebesen verrühren. Die Eier trennen, die Eidotter mit der Topfenmasse verrühren. Die Eiklar gut anschlagen, nach und nach den restlichen Zucker zugeben. Den Eischnee unter die Topfenmasse heben. Die Masse in die gefetteten Formen füllen und 20 Min. backen.

Für das Kompott die Zwergorangen heiß abwaschen, halbieren, 1 Min. in Salzwasser kochen, das Wasser abgießen. Orangensaft mit Zucker, Zimtstange und Sternanis aufkochen. Die Stärke mit 2 EL Orangensaft glatt rühren, zugeben und die Flüssigkeit kurz aufkochen. Zimtstange und Sternanis entfernen, die Zwergorangenhälften zugeben und überkühlen lassen.

Für 4 Portionen

Für den Auflauf
250 g Topfen (20 % Fett)
30 g Weichweizengrieß
½ EL feine Maisstärke
50 g Zucker
Abrieb von 1 Bio-Zitrone
Abrieb von 1 Bio-Orange
125 ml Milch
2 Prisen Zimt
1 Prise Salz
1 TL Lebkuchenpulver
3 Eier

Für das Kompott
200 g Zwergorangen
2 Prisen Salz
150 ml Orangensaft
plus 2 EL
50 g Zucker
1 Zimtstange
1 Stück Sternanis
½ EL feine Maisstärke

Weiters
4 ofenfeste Förmchen
(ca. ⌀ 8 cm)
Butter für die Förmchen

Rumknödel mit Rotweinpflaumen

Knödel sind – ob herzhaft oder süß – aus der österreichischen Küche nicht wegzudenken.
Raffiniert gefüllt und mit einem fruchtigen Kompott sind sie ein Genuss und ein echter Hingucker.

Für 12 Knödel

Für den Teig
50 g weiche Butter
200 g griffiges Mehl
Abrieb von 1 Bio-Zitrone
1 Prise Salz
250 g Topfen (10 % Fett)
60 g Staubzucker plus
etwas zum Bestreuen
1 Ei
12 Rum-Kokos-Kugeln
oder Jamaica-Rumkugeln

Für die Rotweinpflaumen
250 ml Rotwein
2 Gewürznelken
1 kleine Zimtstange
30 g Zucker
1 Glas Pflaumen
(395 g Abtropfgewicht)
½ TL feine Maisstärke

Für die Brösel
100 g Butter
120 g Semmelbrösel
1 EL Zucker
1 Prise Zimt
1 Prise Salz

Für den Teig die Butter schaumig schlagen, die restlichen Zutaten außer den Rumkugeln zugeben und verkneten. In Frischhaltefolie wickeln und 20 Min. kalt stellen. Den Topfenteig in 12 Stücke portionieren. Die Stücke mit den Rumkugeln füllen, zu Knödeln formen und in Salzwasser ca. 10 Min. köcheln lassen.

Für die Rotweinpflaumen den Rotwein mit Gewürzen und Zucker vermengen und aufkochen. Die Pflaumen in den Rotweinsud legen. Die Stärke mit etwas Wasser glatt rühren und zugeben. Kurz aufkochen und abgedeckt 10 Min. ziehen lassen.

Für die Butterbrösel die Butter in einer Pfanne schmelzen, Semmelbrösel, Zucker, Zimt und Salz zugeben und leicht braun rösten. Die Knödel darin unter ständigem Schwenken wälzen.

Die Knödel auf Tellern anrichten, mit Staubzucker bestreuen und mit den Rotweinpflaumen servieren.

Mohnnudeln mit Vanillesauce

Mohnnudeln bestehen aus einem Kartoffelteig, werden jedoch zusätzlich in Butter und Mohn geschwenkt und mit Staubzucker bestäubt. Einfach himmlisch!

Die Erdäpfel mit Schale in Salzwasser weich kochen, pellen und noch heiß durch eine Erdäpfelpresse in eine Schüssel drücken. Mit Mehl, Salz, Ei, Grieß, Vanillezucker und Magertopfen rasch zu einem glatten Teig verkneten. Auskühlen lassen.

In einem großen Topf 1 l Wasser mit Salz aufkochen. Den Teig auf einer bemehlten Arbeitsfläche zu einer daumendicken Stange rollen und diese in 1,5 cm dicke Scheiben schneiden. Die Scheiben mit der flachen Hand zu kurzen, dicken Nudeln „wuzeln". Die Nudeln ins kochende Wasser legen und bei schwacher Hitze ca. 8 Min. garen.

Mohn und Staubzucker in einer Pfanne in Butter anrösten. Die Nudeln aus dem Wasser heben, abtropfen lassen und in der Mohnmischung wälzen.

Für die Vanillesauce die Vanilleschote längs halbieren und das Mark herausschaben. Eidotter und Zucker mit dem Schneebesen leicht verschlagen. Milch mit Vanillemark und -schote aufkochen und in die Eidottermasse rühren. Die Masse schnell umrühren, wieder zurück in den Topf gießen und mit dem Schneebesen bei sehr geringer Hitze schlagen, bis eine leicht gebundene Vanillesauce entstanden ist.

Tipp
Karamellisierte Birnen schmecken ebenfalls wunderbar zu den Mohnnudeln.

Für 4 Portionen

Für die Mohnnudeln
350 g Erdäpfel (mehligkochend)
60 g griffiges Mehl plus etwas zum Verarbeiten
1 Prise Salz
1 Ei
30 g Weichweizengrieß
1 Packerl Vanillezucker
250 g Magertopfen
30 g gemahlene Mohnsamen
20 g Staubzucker
1 TL Butter

Für die Vanillesauce
1 Vanilleschote
3 Eidotter
40 g Zucker
250 ml Milch

Maroniparfait mit eingelegten Kirschen

Geröstete Maroni werden auf jedem Wiener Christkindlmarkt angeboten und verströmen dort den typischen, leicht nussigen Geruch. Als Parfait in Minigugelhupfform schmücken sie jede Festtagstafel.

Für das Parfait

200 g vorgegarte Maroni
1 Vanilleschote
200 g Zartbitterkuvertüre
30 g Butter
30 g brauner Zucker
125 ml Milch
Abrieb von ½ Bio-Orange
4 Eidotter
80 g Zucker
125 g Maronipüree
1 Eiklar
1 Prise Salz
250 ml Schlagobers

Für die Kirschen

1 EL Speisestärke
300 ml Kirschsaft
100 g Zucker
500 g frische Kirschen, entsteint

Weiters

2 Minigugelhupf-Formen, für je 18–20 Stück

Für das Maroniparfait die Maroni fein hacken. Die Vanilleschote längs halbieren und das Mark herausschaben. Die Kuvertüre fein hacken. Die Butter in einer Pfanne schmelzen, braunen Zucker zugeben und die Maroni darin 3 Min. goldbraun schwenken. Auskühlen lassen.

Milch mit Orangenabrieb und Vanillemark aufkochen. Eidotter mit 40 g Zucker verrühren. Die Orangenmilch in die Eidottermasse rühren und die Mischung wieder in den Topf geben. Die Masse mit dem Schneebesen cremig aufschlagen, dabei nicht kochen. Die Kuvertüre zugeben und unter Rühren schmelzen lassen. Das Maronipüree und die gehackte Maronimasse unterheben.

Die Maronimasse in einen Schneekessel füllen. Eiklar, Salz und den restlichen Zucker steif aufschlagen und mit dem Schlagobers unter die Masse heben. Die Masse 2 cm hoch in die Minigugelhupf-Formen füllen und über Nacht in den Tiefkühler stellen.

Für die Kirschen die Stärke mit 2 EL Kirschsaft glatt rühren. Den restlichen Kirschsaft mit Zucker aufkochen, die Stärke einrühren und die Flüssigkeit 1 Min. köcheln lassen. Vom Herd nehmen, die Kirschen zugeben und 1 Min. köcheln. Im Saft auskühlen lassen.

Zum Servieren die Maroni-Minigugelhupfe mit den Kirschen anrichten.

Kletzenbrot

Das Kletzenbrot verdankt seinen Namen den darin enthaltenen Dörrbirnen, die bairisch-österreichisch Kletzen genannt werden. Es wird traditionell im Advent gebacken und an Heiligabend oder dem Stephanietag angeschnitten.

Die Kletzen grob würfeln und in Wasser ca. 50 Min. weich kochen. Abseihen. Die Äpfel schälen, vom Kerngehäuse befreien und fein würfeln. Dörrpflaumen, Feigen, Datteln und Mandeln grob würfeln und mit den Kletzen und den Äpfeln vermischen. Aranzini, Rosinen und Rum zufügen und die Mischung 2 Std. abgedeckt bei Zimmertemperatur ziehen lassen.

Das Backrohr auf 170 °C vorheizen. Mehl, Backpulver, Zimt und Nelkenpulver vermischen und mit der Kletzen-Masse (mit der Küchenmaschine oder von Hand) verkneten. Den Teig zu 4 Kugeln und daraus jeweils einen Brotlaib formen. Mandeln und kandierte Kirschen auf die Brote legen und leicht andrücken. Die Brote auf ein mit Backpapier ausgelegtes Backblech legen und auf der unteren Schiene 50–60 Min. backen. Auskühlen lassen und in Frischhaltefolie gewickelt 1 Woche reifen lassen.

Für 4 Stück

225 g Kletzen
200 g Äpfel
250 g Dörrpflaumen
200 g getrocknete Feigen
50 g getrocknete Datteln, entsteint
250 g ganze Mandeln
100 g Aranzini
50 g Rosinen
3 cl Rum
450 g glattes Mehl
1 Packerl Backpulver
½ Moccalöffel Zimt
¼ Moccalöffel Nelkenpulver

Weiters
25 g blanchierte Mandeln
25 g kandierte Kirschen

DAS HAUS IN DER LANDSKRONGASSE

Rosa Mayreder (1858–1938)

War der Umzug aufs Land das freudigste Begebnis des Jahres, so bildete der Umzug in die Stadt sein trübseligstes. Er vollzog sich unerbittlich zu Beginn der zweiten Oktoberwoche; der Namenstag des Vaters, der auf den 4. Oktober fiel und, da er auch derjenige des Kaisers war, noch mehr Ansehen besaß, war gleichsam unser Abschiedsfest von Sommer, Helligkeit und freier Natur. Jetzt hieß es wieder in die Unterwelt hinuntersteigen, in die Eingeschlossenheit der Landskrongasse, die kahl und düster wie eine Felsenschlucht war. Missmutig kauerte man in einem Winkel der frostigen, finsteren Zimmer; als endlose graue Wüste dehnte sich der Winter vor uns aus, der durch keine Spaziergänge aufgehellt wurde. Denn der tägliche Weg in die Schule hin und zurück galt als genügende Auslüftung für die größeren Kinder, die der Praterfahrt schon entlassen waren, und andere winterliche Vergnügungen, wie z. B. das Schlittschuhlaufen, erschienen in den Augen des Vaters für die Mädchen als höchst verwerflich und unpassend. Wäre nicht die Aussicht auf Weihnachten gewesen, man hätte nicht gewusst, wie man den Winter überleben sollte.

Aber der Zauber, der von Weihnachten in unser Winterleben ausstrahlte, übertraf beinahe noch den des ländlichen Sommerlebens. Es war für Kinder und Erwachsene das Fest der Feste, dem sich nichts an die Seite stellen konnte. Wir staunten immer von Neuem darüber, dass zur Zeit, als der Vater nach Wien kam, in den Zwanzigerjahren des vorigen Jahrhunderts, der Christbaum der einheimischen katholischen Bevölkerung fremd und nur bei den wenigen ansässigen Protestanten üblich war.

Als Kind einer protestantischen Familie hielt mein Vater diese Sitte sehr hoch; und so bildete das Weihnachtsfest mit dem verschwenderisch ausgestatteten Christbaum einen der Anlässe, bei denen die gewohnte bescheidene Lebensweise weit überschritten wurde.

Schon in den ersten Dezembertagen begannen sich auf den Schränken geheimnisvolle Pakete zu häufen, die unsere kindlichen Herzen mit den angenehmsten Ahnungen erfüllten. Die alte Hanni begründete die vorzeitige Ankunft dieser Pakete damit, dass das Christkind sie aus Platzmangel einstweilen hier abgestellt, sich aber zugleich vorbehalten habe, sie bei der geringsten Verletzung des vorgeschriebenen Bravseins, die wir uns zuschulden kommen ließen, flugs wieder abzuholen – eine Möglichkeit, von der ein Schrecken furchtbarer Schmach ausging. Je näher Weihnachten heranrückte, desto mehr steigerte sich das Hin und Her mit den Paketen; abends hieß es zuweilen früher als sonst schlafen gehen, weil das Christkind, das leider durchaus unsichtbar bleiben sollte, seinen Besuch angekündigt hätte. Den Vorwitzigen gelang es dann wohl, in einem unbewachten Augenblick durchs Schlüsselloch ins Speisezimmer zu gucken, wo an dem großen Familientisch die älteren Geschwister mit der Mutter zusammensaßen. Und wenn man

gleichzeitig einen Streifen buntes Papier oder eine Schachtel Bäckerei erspähte, vermischte sich die frohe Erwartung mit dem schlechten Gewissen zu einer Art bänglichen Triumphes.

Einige Tage vor dem Fest verbreitete sich gewöhnlich das Gerücht, der Christbaum sei bereits im Salon eingetroffen. Es war nicht leicht, die Zuverlässigkeit dieses Gerüchtes festzustellen; denn, da die Verordnung erlassen war: »Die Kinder haben im zweiten Stock nichts zu suchen«, musste man sich hinter dem Rücken der alten Hanni die Wendeltreppe hinaufschleichen, das schaurige finstere Vorzimmer durchqueren, um endlich auf dem Bauch vor dem abgesperrten Salon die untere Türspalte zu beschnuppern, ob der herrliche Gast seine Anwesenheit durch seinen Duft bestätige. Mit dem Freudengeschrei: »Er ist schon da, ich hab ihn gerochen!«, kam der kühne Aufklärer zurück, indes die alte Hanni unverbrüchlich das Geheimnis behütete und wegwerfend bemerkte: »Warum nicht gar! Wer weiß, was du gerochen hast!«

Nichts auf der Welt aber glich dem Augenblick, wenn die Flügeltüre sich öffnete und der strahlende Baum, der vom Fußboden bis zur Decke reichte, seinen Lichterglanz blendend über uns ergoss. Betäubt von dem Glück der Erfüllung, das noch unendlich das Glück der Erwartung übertraf, standen wir stumm und schüchtern an der Schwelle, und die Bescherung selbst, die auf weiß gedeckten Tischen in rot gebundenen Paketen aufgeschichtet lag, konnte die Konkurrenz mit dem Anblick des Baumes fürs Erste nicht bestehen. Gewiss hat zu diesem überwältigenden Eindruck der Umstand viel beigetragen, dass unsere Augen durch künstliches Licht nicht verwöhnt waren; die damalige Gasbeleuchtung der Straßen mit offenen Brennern wie das häusliche Öl- und Kerzenlicht wurden nur einmal im Jahr durch die wunderbare Lichtquelle des Christbaums übertroffen. Es gab im Bereich des gewöhnlichen Lebens nichts, was sich ihm an Leuchtkraft vergleichen ließ; denn nur die Auserwählten, die eine Hoffestlichkeit oder den Industriellenball besuchten, erlebten in den Redoutensälen den als einzig feenhaft berühmten Glanz der tausend Kerzen, mit denen dort die Räume beleuchtet waren.

Der Glaube an das Christkind scheint in unserer Kindheit länger als jetzt ungestört gewesen zu sein; da wir unsere Weihnachtswünsche in einem Brieflein dem mächtigen Altersgenossen aus der Geisterwelt kundzugeben pflegten, muss dieser Glaube wohl die analphabetische Epoche unseres kindlichen Lebens um einige Jahre überschritten haben. Ich erinnere mich nicht mehr, wann hier die Erkenntnis dämmerte.

Im Gegensatz zu anderen ähnlichen Errungenschaften des Verstandes, wie beispielsweise der Überwindung des Märchens vom Storch, empfand man keinerlei persönlichen Stolz über die Aufklärung, und nur widerwillig trennte man sich von der lieblichen Gestalt, in der sich das Leben der Kindheit so unvergleichlich schön verkörperte.

Ein gewisser Ersatz winkte in der Teilnahme an den Vorarbeiten zum Christbaum, die, wie man allmählich erfuhr, von den älteren Geschwistern im Verein mit der Mutter gemacht wurden. Da jedoch nicht bloß einige Handfertigkeit dazu gehörte, sondern auch keine geringe Standhaftigkeit, um der Verlockung der in ungeheuren Mengen angehäuften Näschereien zu widerstehen, musste die Erlaubnis der Mutter mit Eiden und Gelübden abgebettelt werden. Immerhin dauerte es einige Weihnachten lang, bis die Zulassung erfolgte. Dann aber gab es jedes Jahr im Advent eine köstliche Woche, in der man allabendlich, wenn die Jüngsten der Familie zu Bett gebracht waren, mit den älteren Geschwistern »Bäckerei anbinden« durfte. An alle diese vielgestaltigen Ringel, Kringel, Brezeln mussten vorerst Fäden befestigt werden, mittels welcher sie später an den Christbaum gehängt wurden. Jeder nicht essbare Schmuck war ausgeschlossen. Was sich seiner Art und Gestalt nach nicht zum Anbinden eignete, wurde in Papierkörbchen oder geklebte Düten gefüllt, deren Anfertigung gleichfalls viel Zeit und Geschicklichkeit erforderte. Die angebundenen Bäckereien wurden auf dem Klavier und dem großen Mitteltische im Salon aufgestapelt, wo der Baum seines Ehrentages wartete. Von seiner Gegenwart ging eine wunderbare Stimmung aus, in der alles Hohe, Weihevolle, Feierliche des Lebens überwältigend die Seele ergriff. Er brachte den Atem des Waldes wie eine Botschaft des fernen Geländes, auf dem er gewachsen war, und zugleich eine Vorahnung des fernen Frühlings, der uns aus der steinernen Schlucht der städtischen Wohnung wieder hinausführen sollte ins Freie,

wo Himmel, Sonne und Wolken ihr göttliches Spiel trieben. So vereinigte der Tannenbaum die Lust des höchsten Winterfestes mit der Lust des fröhlichen Sommers; und wie berauscht von seinem Dufte verweilte man in dem kühlen Dunkel, um sich mit diesen seligen Anmutungen vollzusaugen.

Das Behängen des Baumes musste am Vormittag des 24. Dezember gemacht werden, damit das Zuckerwerk nicht durch den Staub in seiner Genießbarkeit beeinträchtigt würde. Da wimmelte es dann von geschäftigen Händen, dass der gefeierte Baum schwankte wie im Wind, der sein Wachstum begleitet hatte. Die Freunde der Familie, namentlich die jungen Leute, nahmen am Christbaumputzen teil; ihnen oblag es, auf Leitern den schwierigen Gipfel, der die Decke berührte, zu schmücken und zuletzt die zahlreichen Wachskerzen zu befestigen. Mit Wichtigkeit wurde jeder Zweig begutachtet, ob er in gerechter Mischung alles Vorgeschriebene trug. Was zuckerbäckerische Fantasie an Form und Geschmack erfinden konnte, war hier vertreten: in Zucker nachgemachte Früchte, glitzernde Schleifen aus Apfelgelee in Gelb, Grün und Rot, Haselnüsse in vierteiliger Schale aus Mandelmasse, Brezeln aus Marillenteig, figurierte Windbäckerei und solche in orangenblütenweißen, rosenroten und kaffeebraunen Ringen, wie ebensolche Zuckersterne, die durch ihre Farbe ihren Geschmack anzeigten. Schokoladekringel, mit bunten Tüpfelchen bestreut, und Schokolade, in vielfarbiges Stanniol gewickelt, endlich die eintönig braune Patiencebäckerei in unerschöpflicher Menge. Dann kamen zur Ausfüllung der Lücken die lang gezogenen Papierkörbchen an die Reihe, in denen sich Datteln, Feigen und Brünellen wiegten, sowie kleinere aus Gold- und Silberpapier, hochrote, hellblaue und zitronengelbe Düten, die mit ausgelösten Nüssen, Malagatrauben und Zuckerkügelchen gefüllt waren, endlich Mandarinen und winzige rotbackige Äpfel, die den wunderlichen Namen »Bentafferln« führten und immer nur um die Weihnachtszeit auftauchten. Dieser Christbaumaufputz stand schon fest, als ich in die Reihe der Aufputzenden eintrat; er wurde so streng eingehalten, dass die Neuerungen in der Zuckerbäckerei keine Veränderung bewirkten und einzelne Dinge von den erbgesessenen Lieferanten eigens für unseren Christbaum erzeugt wurden, als sie schon auf dem Markt aus der Mode gekommen waren.

Bei Einbruch der frühen Winterdämmerung musste der Baum fertig sein. Denn nun begann die Aufstellung der Geschenke, die in späteren Jahren, da neben den 13 Kindern nicht nur

Schwiegerkinder und Enkel, sondern auch die nächsten Freunde des Hauses an der Bescherung teilnahmen, gleichfalls längere Arbeit erforderte. Punkt 7 Uhr war alles beendet; Groß und Klein, zuletzt auch der Vater, versammelte sich vor der verschlossenen Pforte, indes die jüngeren Männer das Anzünden der Wachslichter besorgten. Der Vater pflegte, in einem Lehnsessel unter der Tür sitzend, mit freundlichem Gesicht der Bescherung zuzusehen; er selbst wollte nie etwas geschenkt haben und blieb inmitten der vielen Beschenkten der einzige Gebende. Bei seiner völligen Bedürfnislosigkeit war es ganz unmöglich, passende Geschenke für ihn zu finden; und die Versuche, die seine erwachsenen Kinder hie und da machten, misslangen immer. Er hatte eben in seiner langen Regierungszeit als pater familias nur das Geben, aber nicht das Nehmen gelernt. Das Festliche und Vergnügliche des Weihnachtsabends für ihn war neben dem Festmahl und dem Champagner der Anblick dieses freudig bewegten Gewimmels, das seinen Höhepunkt in der Plünderung des Christbaumes fand.

So stimmungsvoll die Vorbereitungen unserer Christbescherung waren, das Nachspiel, mit dem sie jählings schloss, führte ganz in die gemeine Realität des Lebens zurück, wo der Kampf ums Dasein herrscht. Wenn alle Geschenke ausgepackt und die Kerzen herabgebrannt waren, gab der Vater das Zeichen zur Plünderung des Baumes. Mit einer Schachtel und einer Schere bewaffnet – zwei Utensilien, die jedes der Familienmitglieder schon vorher an einen sicheren Ort in der Nähe gebracht hatte, musste man trachten, so

viel von den aufgehängten Schätzen einzuheimsen, als es die Konkurrenz gestattete. Die „Kleinen" wählten sich die unteren Regionen des Baumes, die Großen die oberen, und so dauerte das Getümmel, bis der Baum mit ausgelöschten Lichtern leer und dunkel dastand und nur mehr die zerschnittenen weißen Fäden an den Zweigen von seinem vergänglichen Glanz Zeugnis gaben. Wenn eines der Kinder in dem Wettkampf erlahmte oder nicht mehr wusste, wohin sich wenden, so ermunterte es der Vater und zeigte auf Stellen, wo noch Ernte zu halten war; Gezänk durfte nicht entstehen, und ich erinnere mich auch nicht, dass jemals dergleichen bei der Christbaumschlacht sich ereignet hätte.

Immerhin empfanden wir in späteren Jahren, als wir von anderen Familien hörten, dass sie ihren Christbaum bis zu Neujahr geputzt stehen ließen und ihn zu wiederholten Malen anzündeten, die bei uns herrschende Sitte der Plünderung als unwürdig. »So viel Mühe und Arbeit wegen einer halben Stunde«, sagte wohl auch zuweilen der Vater kopfschüttelnd, wenn er uns in der Adventzeit bei den Vorbereitungen zum Christbaum zusah. Aber wie alle Sitten des Hauses war auch diese so fest gewurzelt, dass es uns nicht gelang, sie zu ändern.

Auf diese Weise wurde Weihnachten bei uns zum Sinnbild des Lebens, wie es nun einmal auf Erden beschaffen ist: sein Wert und Glück liegt im Erstreben, und die Erfüllung ist ein vergänglicher Augenblick, bei dem man nicht verweilen kann.

Gebeizte Lachsforelle mit Krenmousse

Als hübsch angerichtete Vorspeise kann sich die gebeizte Lachsforelle mit delikater Krenmousse sehen lassen. Das dazu gereichte Toastbrot wird mit Keksausstechern in Sternform gebracht und gibt dem Gericht auch optisch eine weihnachtliche Note.

Für 4 Portionen

Für die Lachsforellen

2 Bund Dille (40 g)
1 TL Fenchelsamen
1 TL Wacholderbeeren
Abrieb von 1 Bio-Zitrone
2 EL Zucker
13 g Meersalz
4 cl Gin
2 Lachsforellenfilets

Für die Krenmousse

Saft und Abrieb von
1 Bio-Zitrone
125 g Crème fraîche
1 EL fein geriebener Kren
70 ml Schlagobers
Salz
frisch gemahlener
schwarzer Pfeffer

Weiters

4 Scheiben Toastbrot
Limettenspalten
zum Servieren
und etwas Kresse
Keksausstecher

Für die Lachsforellen Dille abbrausen, trocken tupfen und grob hacken. Fenchelsamen und Wacholderbeeren grob mit einem Mörser zerstoßen und mit Zitronenabrieb, Zucker, Meersalz, Gin und Dille vermischen. Die Lachsforellen abspülen, trocken tupfen, in eine Auflaufform legen und mit der Beize dicht belegen. Abgedeckt 12 Std. im Kühlschrank ziehen lassen.

Für die Krenmousse Zitronenabrieb und -saft mit Crème fraîche und Kren verrühren. Schlagobers leicht aufschlagen und unter die Krenmasse heben. Mit Salz und Pfeffer würzen.

Zum Servieren die Brotscheiben toasten und Sterne ausstechen. Die Beize von den Lachsforellen entfernen und den Fisch in feine Scheiben schneiden. Mit der Krenmousse und den Limettenspalten anrichten und mit Kresse garnieren.

Tipp

Forelle oder Saibling eignen sich auch gut zum Beizen nach diesem Rezept.

Gänsekeulen mit Rotkraut und Äpfeln

Die Weihnachtsgans gilt als traditionelles Festtagsmahl an Heiligabend, heuer wird sie in Form knuspriger Gänsekeulen gereicht. Und dazu gibt es, ganz klassisch, Rotkraut.

Das Backrohr auf 160 °C vorheizen. Die Gänsekeulen mit der Haut nach oben in einen Bräter legen, mit Salz und Pfeffer würzen, etwas kaltes Wasser angießen. Mit geschlossenem Deckel auf der unteren Schiene ca. 1 Std. garen. Äpfel waschen, halbieren, vom Kerngehäuse befreien, in den Bräter geben und die Gänsekeulen noch 1 Std. weitergaren, dabei regelmäßig mit Schmorfond übergießen. Nach der Garzeit mit einer Gabel ins Fleisch stechen, um zu prüfen, ob es weich ist.

Die Keulen aus dem Rohr nehmen, auf ein kaltes Gitter legen und 10–15 Min. rasten lassen. Das Rohr auf 200 °C Oberhitze vorheizen. Die Keulen auf dem Gitter mit einem Backblech darunter 5 Min. garen, bis die Haut knusprig ist.

Für die Sauce das Fett aus dem Bräter abgießen, den Bratensatz mit Öl und Tomatenmark leicht anrösten. Fond angießen, Maroni zugeben, alles aufkochen und bei niedriger Hitze 30 Min. köcheln lassen. Mit Salz, Pfeffer und Beifuß würzen, ggf. mit etwas in Wasser glatt gerührter Speisestärke binden. Die Sauce durch ein feines Sieb passieren.

Das Rotkraut in feine Streifen schneiden, waschen, ausdrücken, salzen, mit etwas Zitronensaft beträufeln und gut durchmischen. Die Zwiebel schälen und würfeln. Den Zucker in einem Topf bei mittlerer Hitze goldgelb karamellisieren lassen, mit Essig und Rotwein ablöschen. Zwiebelwürfel zugeben. Mit Salz, Pfeffer und Honig würzen und einkochen lassen. Rotkraut mit Orangen- und Zitronensaft, Preiselbeeren und Apfel vermengen und bei mittlerer Hitze weich dünsten, dabei regelmäßig umrühren. Das Kraut vom Herd nehmen, einige Minuten ziehen lassen und mit Salz und Pfeffer abschmecken.

Für 4 Portionen

Für die Gänsekeulen
4 Gänsekeulen
Salz
frisch gemahlener
schwarzer Pfeffer
3 säuerliche Äpfel
(z. B. Boskop)

Für die Sauce
1 EL Öl zum Anrösten
1 EL Tomatenmark
1–2 l Geflügel- oder
Kalbsfond
100 g vorgegarte Maroni
frisch gemahlener
weißer Pfeffer
1 EL frischer Beifuß
Speisestärke nach Bedarf

Für das Rotkraut
700 g Rotkraut
Saft von 1 Bio-Zitrone
1 Zwiebel
50 g Zucker
3 EL Essig
½ l kräftiger trockener
Rotwein
frisch gemahlener
weißer Pfeffer
70 g Honig
Saft von 2 Bio-Orangen
100 g passierte Preisel-
beeren (Glas)
1 geriebener Apfel

Rosa gebratene Entenbrust mit Zimt und Schupfnudeln

Hier kommen Feinschmecker auf ihre Kosten: Ingwer und Zimt verleihen der zarten Entenbrust ein unwiderstehliches Aroma, das ergänzt wird durch die fruchtige Note der Sauce und goldgelb gebratene Schupfnudeln.

Für 4 Portionen

Für die Schupfnudeln

650 g Erdäpfel
(mehligkochend)
180 g griffiges Mehl plus
etwas zum Verarbeiten
1 TL Salz
90 g Butter
20 g Weichenweizengrieß
1 Ei
1 Eidotter

Für die Entenbrust

2 Entenbrüste à 230 g
Salz
1 TL fein gehackter Ingwer
2 Zimtstangen

Für die Sauce

4 Mandarinen
1 EL Honig
200 ml Orangensaft
2 EL Sojasauce
1 ½ TL feine Maisstärke

Für die Schupfnudeln Erdäpfel mit Schale bei geringer Hitze ca. 30 Min. weich kochen, pellen, durch eine Erdäpfelpresse in eine Schüssel drücken und abkühlen lassen. Mehl, Salz, 50 g Butter, Grieß, Ei und Eidotter kurz einarbeiten. Den Kartoffelteig in 2–3 cm dicke Stangen rollen und diese in 1,5 cm lange Stücke schneiden. Die Stücke auf der bemehlten Arbeitsplatte zu spitz-ovalen Nudeln formen und in leicht gesalzenem Wasser nahe dem Siedepunkt ca. 5 Min. ziehen lassen. Die restliche Butter in einer Pfanne schmelzen. Die Schupfnudeln herausnehmen, abtropfen lassen und kurz in der Butter schwenken.

Das Backrohr auf 140 °C vorheizen. Die Entenbrüste abspülen, trocken tupfen und auf der Hautseite kreuzweise einschneiden, ohne in das Fleisch zu schneiden. Mit Salz würzen, auf der Hautseite in eine kalte ofenfeste Pfanne legen und am Herd bei geringer Hitze braten, bis die Haut schön knusprig ist. Die Brüste wenden, Ingwer darübergeben, Zimtstangen zugeben. Die Backrohrtemperatur auf 150 °C erhöhen und die Entenbrüste 5–7 Min. rosa fertig garen.

Für die Sauce die Mandarinen schälen und in Stücke zerteilen. Die Stücke mit Honig, Orangensaft und Sojasauce in einem Topf aufkochen und weich köcheln. Die Sauce durch ein Sieb streichen und zurück in den Topf geben. Stärke mit etwas kaltem Wasser glatt rühren und die Sauce damit binden.

Die Entenbrüste aufschneiden und mit den Schupfnudeln und der Mandarinensauce servieren.

Tipp

Statt in Butter können Sie die fertigen Schupfnudeln auch in Butterschmalz goldgelb braten.

Tafelspitz mit Cremespinat und Rösterdäpfeln

Der Legende nach geht der Tafelspitz auf die einzigartige Anna Sacher zurück. Sie ließ das Rindfleisch stundenlang vor sich hin köcheln, damit es eine zarte Konsistenz erhielt. Mit Rösterdäpfeln und Cremespinat wird daraus ein feines Gericht für die Feiertage.

Für den Tafelspitz Suppengrün putzen und grob schneiden. Liebstöckel abbrausen, trocken tupfen. Die Zwiebeln ungeschält in ca. 1 cm dicke Scheiben schneiden. Öl in einer Pfanne erhitzen und die Zwiebeln darin auf den Schnittflächen fast schwarz rösten.

3 l Wasser in einem großen Topf aufkochen. Den Tafelspitz warm abspülen und ins Wasser legen. Pfefferkörner zugeben, die Hitze reduzieren und das Fleisch bei niedriger Temperatur offen 2 Std. 30 Min. kochen. Aufsteigenden Schaum mit einem Lochschöpfer entfernen. Der Tafelspitz sollte immer mit Flüssigkeit bedeckt sein. Nach ca. 1 Std. 30 Min. Garzeit Suppengrün, Zwiebeln und Liebstöckel in den Topf geben und das Fleisch fertig garen. Beim garen Fleisch sollte eine Gabel nach dem Hineinstechen leicht wieder herauszuziehen sein.

In der Zwischenzeit für die Rösterdäpfel Erdäpfel kochen, kurz ausdampfen lassen, pellen, grob raspeln und salzen. Zwiebel schälen und fein würfeln. Öl in einer Pfanne erhitzen, Erdäpfelraspel darin unter mehrmaligen Wenden knusprig rösten, Zwiebel zugeben und kurz mitrösten. Mit Salz und Kümmel würzen.

Für den Cremespinat die Knoblauchzehe schälen und fein hacken. Butter in einer Pfanne schmelzen, Knoblauch darin 1 Min. anschwitzen, den aufgetauten Spinat zugeben und 2 Min. köcheln lassen. Mit Salz und Muskat würzen.

Schnittlauch abbrausen, trocken tupfen und fein schneiden. Gemüse und Fleisch aus der Suppe heben, das Fleisch fingerdick aufschneiden. Die Suppe salzen und durch ein Sieb gießen. Spinat und Rösterdäpfel mit Tafelspitz, Wurzelgemüse und 1 EL Rindsuppe servieren.

Für 4 Portionen

Für den Tafelspitz
1 Bund Suppengrün
2 Stängel Liebstöckel
2 kleine Zwiebeln (ca. 150 g)
1 TL Öl
1,25 kg Tafelspitz
5 schwarze Pfefferkörner
1 Bund Schnittlauch
Salz

Für die Rösterdäpfel
600 g Erdäpfel (festkochend)
Salz
1 große Zwiebel
2 EL Öl
1 TL Kümmelsamen

Für den Cremespinat
1 Knoblauchzehe
30 g Butter
450 g Cremespinat (TK)
½ TL Salz
frisch geriebene
Muskatnuss

Maronisuppe mit geröstetem Zimtbrot

Nichts wärmt an frostigen Wintertagen mehr als eine heiße Suppe. Und wenn sie so köstlich schmeckt wie die cremige Maronisuppe, erfreut sie auch den Gaumen.

Für 4 Portionen

Für die Suppe

350 g vorgegarte Maroni
1 EL Zucker
50 ml Rotwein
800 ml Geflügelsuppe
125 g Crème fraîche
Saft und Abrieb von
1 Bio-Orange
Salz
frisch gemahlener
schwarzer Pfeffer
30 g kalte Butter

Für das Zimtbrot

100 g altbackenes
Schwarzbrot (2 Tage alt)
½ TL Zimt
Abrieb von 1 Bio-Orange

Weiters

2 EL fein gehackte
Petersilie

Für die Suppe 2 Maroni klein schneiden und beiseitestellen. Den Zucker in einer Pfanne schmelzen. Mit Rotwein ablöschen. Restliche Maroni sowie die Geflügelsuppe zugeben und ca. 10 Min. köcheln lassen. Crème fraîche, Orangenabrieb und -saft einrühren, mit Salz und Pfeffer würzen und aufkochen. Kalte Butter zugeben und die Suppe mit dem Stabmixer aufschäumen.

Für das Zimtbrot das Backrohr auf 180 °C vorheizen. Das Schwarzbrot am besten mit einer Schneidemaschine in hauchdünne Scheiben schneiden. Die Scheiben auf ein Backblech legen. Mit Zimt und Orangenabrieb bestreuen und ca. 7 Min. rösten. Auskühlen lassen.

Die Suppe auf vier Teller verteilen, Maronistücke zugeben, mit gehackter Petersilie bestreuen. Dazu das Zimtbrot reichen.

Rindsuppe mit Wurzelwerk und Würsteln

Neben der Weihnachtsgans ist auch die Würstelsuppe eine traditionelle Speise an Heiligabend. Einer Überlieferung nach verkaufte der von Frankfurt nach Wien ausgewanderte Metzgermeister Johann Georg Lahner dort 1805 erstmals Würstchen, die er als „Frankfurter" bezeichnete.

Für die Rindsuppe das Fleisch abspülen und trocken tupfen. Die Zwiebel halbieren, die Hälften mit der Schnittfläche nach unten in eine heiße, beschichtete Pfanne auf Alufolie legen und bei mittlerer Hitze fast schwarz rösten. Das Suppengrün putzen und grob schneiden. Rindfleisch in einen Topf mit kochendem Wasser legen und 1 Std. kochen. Anschließend Suppengrün, Zwiebel und Pfefferkörner zufügen und das Fleisch weitere 2–3 Std. weich kochen, ggf. etwas Wasser nachfüllen; das Fleisch sollte immer mit Flüssigkeit bedeckt sein. Von Zeit zu Zeit mit einem Lochschöpfer den Schaum von der Suppe entfernen. Die fertige Suppe durch ein Sieb gießen und mit Salz würzen. Das Fleisch in mundgerechte Stücke schneiden und beiseitestellen.

Für das Wurzelgemüse Karotte, Gelbe Rübe und Zeller schälen, klein würfeln und in Salzwasser weich kochen. Die Suppennudeln entsprechend der Garzeit zufügen und mitkochen. Gemüse und Nudeln abseihen und warm stellen.

Die Würstel in etwas Rindsuppe geben und 5 Min. ziehen lassen. Den Schnittlauch abbrausen, trocken tupfen und fein schneiden. Die Rindsuppe mit Salz und Pfeffer abschmecken und in tiefen Tellern mit Nudeln, Wurzelgemüse und Würsteln anrichten. Mit Schnittlauch garnieren.

Für 4 Portionen

Für die Rindsuppe
1 kg Rindfleisch zum Kochen (z. B. Schulterscherzel, Beinfleisch oder Tafelspitz)
1 große Zwiebel
500 g Suppengrün
5 Pfefferkörner

Für das Wurzelgemüse
1 Karotte
1 Gelbe Rübe
½ Zeller

Weiters
70 g Suppennudeln (z. B. Sternchennudeln)
4 Paar Frankfurter
1 Bund Schnittlauch
Salz
frisch gemahlener schwarzer Pfeffer

Stephaniebraten mit Erdäpfelpüree

Ein Klassiker der Wiener Küche, der mit gekochten Eiern, Essiggurken und Würsteln verfeinert wird. Der Name geht auf Prinzessin Stephanie von Belgien zurück, die Frau des Kronprinzen Rudolf von Österreich und Ungarn.

Für 4 Portionen

Für den Braten
1 Schweinsnetz
1 Bund Petersilie
2 kleine Zwiebeln
2 EL Sonnenblumenöl
3 Semmeln
250 ml Milch
1 kg gemischtes Faschiertes
2 Eier
1 EL getrockneter Majoran
Salz
frisch gemahlener schwarzer Pfeffer
4 hart gekochte Eier
5 Essiggurken
1 Paar Frankfurter

Für das Erdäpfelpüree
800 g Erdäpfel
Salz
(mehligkochend)
200 ml Milch
70 g Butter
frisch geriebene Muskatnuss

Das Schweinsnetz 30 Min. in kaltes Wasser legen. Die Petersilie abbrausen, trocken tupfen, die Blättchen abzupfen und fein hacken. Die Zwiebeln schälen, fein würfeln und in Öl anschwitzen. Die Petersilie untermischen. Auskühlen lassen. Die Semmeln klein schneiden, mit der Milch übergießen, kurz ziehen lassen, ausdrücken und mit der Zwiebelmischung, Faschiertem, Eiern, Majoran, Salz und Pfeffer verrühren.

Das Backrohr auf 170 °C vorheizen. Das Schweinsnetz aus dem Wasser nehmen, ausdrücken und flach auf die Arbeitsfläche legen. Die Hälfte vom Faschierten zu einem flachen Striezel formen, auf das Schweinsnetz legen und mit der Handkante 3 längliche Vertiefungen eindrücken. Hart gekochte Eier pellen und mit den Essiggurken und Würsteln hineinlegen. Restliches Faschiertes daraufgeben, an den Längsseiten gut andrücken, mit befeuchteten Händen einen Striezel formen und mit dem Schweinsnetz umwickeln. Den Braten mit der Verschlussseite nach unten in das tiefe Ofenblech legen und im Backrohr ca. 40 Min. garen. Von Zeit zu Zeit etwas Wasser zufügen, damit genügend Bratenfond entsteht. Wenn der Braten nach der Garzeit noch zu hell ist, unter dem Grill bei 190 °C weitere 10 Min. garen.

Für das Erdäpfelpüree die Erdäpfel mit Schale in Salzwasser weich kochen, pellen und durch eine Erdäpfelpresse in eine Schüssel drücken. Milch und Butter mit Salz und geriebener Muskatnuss aufkochen und die Mischung nach und nach unter die gepressten Erdäpfel rühren, bis eine cremige Konsistenz erreicht ist.

Den Braten in Scheiben schneiden und mit Erdäpfelpüree und Bratenfond anrichten.

Tipp
Statt ein Schweinsnetz zu verwenden, können Sie die gefüllte Fleischmasse auch mit den Händen zu einem Laib formen.

Räucherforellensulz

Die Räucherforellensulz eignet sich wunderbar als Vorspeise für ein Festtagsmenü. Sie lässt sich gut vorbereiten und hübsch anrichten.

Karotte und Gelbe Rübe schälen und fein würfeln. Gelatine in kaltem Wasser einweichen. Noilly Prat und Weißwein in einem Topf aufkochen, Fischfond angießen, mit Salz, Zitronensaft und Cayennepfeffer pikant würzen. Karotte und Gelbe Rübe zugeben, weich kochen, herausnehmen und beiseitestellen. Safran in den Fond geben und die Flüssigkeit bei geringer Hitze 10 Min. ziehen lassen. Gelatine ausdrücken und im Safranfond auflösen. Den Topf vom Herd nehmen, nicht mehr kochen.

Die Terrinenform mit Frischhaltefolie auslegen. Schnittlauch abbrausen, trocken tupfen und fein schneiden. Gemüse und Forellenfilets mit dem Schnittlauch dekorativ in die Form schichten, mit dem Safranfond auffüllen. Die Terrine mit Frischhaltefolie abdecken und 6 Std. kalt stellen, bis das Gelee fest ist. Aus der Form stürzen, die Folie abziehen und die Sulz mit einem scharfen Messer in daumendicke Stücke schneiden.

Für das Dressing Balsamico, Fischfond und Öl mischen und mit Salz und Pfeffer würzen. Die Sulz mit dem Dressing anrichten und mit Zitronenspalten garnieren.

Tipp
Dazu passen Blattsalat und Radieschen.

Für 4 Portionen

1 Karotte
1 Gelbe Rübe
8 Blatt Gelatine
10 cl Noilly Prat
200 ml trockener
Weißwein
300 ml Fisch- oder
Gemüsefond
1 TL Salz
Saft von ¼ Bio-Zitrone
½ TL Cayennepfeffer
1 Prise gemahlener Safran
1 Bund Schnittlauch
300 g Räucherforellenfilet

Für das Dressing
1 EL weißer Balsamico
3 EL Fisch- oder
Gemüsefond
4 EL Maiskeimöl
Salz
frisch gemahlener
schwarzer Pfeffer

Weiters
Terrinenform
Zitronenspalten
zum Garnieren

Geschmorte Rinderschulter mit Kohlsprossen

Das Schulterscherzel, ein längliches, von Sehnen durchzogenes Schulterstück vom Rind, lässt sich hervorragend schmoren und ist in der Wiener Küche beliebt. Dazu passen Kohlsprossen, die nur kurz gegart und leicht angebraten schön knackig bleiben.

Für 4 Portionen

700 g Schulterscherzel
Salz
frisch gemahlener
schwarzer Pfeffer
6 Schalotten
¼ Zeller
1 Karotte
1 Gelbe Rübe
1 Petersilienwurzel
50 g Frühstücksspeck
2 EL Öl
1 TL Majoran
1 TL Thymian
1 Stück Sternanis
3 Knoblauchzehen
400 ml Rotwein
600 ml klare Rindsuppe
1 TL Speisestärke

Für die Kohlsprossen

250 g Kohlsprossen
2 EL Olivenöl
1 EL Honig
½ Zitrone
1 TL Paprikapulver
1 EL Mandelsplitter

Schulterscherzel abspülen, trocken tupfen und von beiden Seiten mit Salz und Pfeffer würzen. Schalotten schälen. Gemüse schälen und in 5 mm große Stücke schneiden. Den Speck klein würfeln.

Das Öl in einem Bräter erhitzen, das Schulterscherzel darin rundum anbraten. Schalotten, Gemüse und Speck zugeben und mitrösten. Majoran, Thymian, Sternanis und zerdrückte (ungeschälte) Knoblauchzehen zufügen und mit Salz und Pfeffer würzen. Mit Rotwein ablöschen und die Flüssigkeit auf ca. 125 ml einkochen lassen. Rindsuppe angießen, den Deckel auflegen und das Fleisch 2–3 Std. weich dünsten, dabei ein- bis zweimal wenden. Das Röstgemüse bis auf die Schalotten entfernen. Stärke mit 2 TL kaltem Wasser glatt rühren und in den Bratensud geben, kurz aufkochen.

In der Zwischenzeit die Kohlsprossen putzen, halbieren, in Salzwasser 2 Min. kochen, abseihen, mit den restlichen Zutaten vermischen und in einer Pfanne bei geringer Hitze anschwitzen.

Das Fleisch mit Schalotten und Kohlsprossen anrichten.

Tipp
Dazu passen kleine Erdäpfelknödel.

Rindsgulasch

Das Gulasch kommt ursprünglich aus Ungarn, ist jedoch längst zu einem traditionellen Wiener Gericht geworden. Für die Zubereitung benötigt man vor allem eins: Zeit. Denn je länger das Fleisch schmort, desto zarter wird es, und umso sämiger wird die Sauce.

Das Rindfleisch kalt abspülen, trocken tupfen und in ca. 3 cm große Stücke schneiden. Zwiebeln und Knoblauch schälen und in feine Streifen schneiden.

Sonnenblumenöl in einem großen Schmortopf erhitzen und die Zwiebeln darin bei geringer Hitze anschwitzen. Knoblauch zugeben und kurz mitrösten. Das Tomatenmark unterrühren und ebenfalls kurz mitrösten. Paprikapulver zugeben, sofort 2 l Wasser angießen und aufkochen.

Die Rindfleischstücke in den Schmortopf geben, das Fleisch sollte gerade mit Flüssigkeit bedeckt sein. Den Deckel so auf den Schmortopf auflegen, dass ein Spalt offen bleibt. Das Gulasch bei geringer Hitze ca. 2 Std. 30 Min. schmoren. Das Fleisch sollte immer von Flüssigkeit bedeckt sein, bei Bedarf etwas Wasser zufügen.

Nach der Schmorzeit Kümmel und Majoran zugeben. Zitronenabrieb zufügen und mit Salz würzen. Mehl mit 4 EL kaltem Wasser glatt rühren, nach und nach in die kochende Flüssigkeit einrühren, bis das Gulasch eine cremige Konsistenz hat. Gulasch nochmals aufkochen und mit Salz, Pfeffer, Paprikapulver und Zitronenschale abschmecken. Das Gulasch auf vier tiefe Teller verteilen und servieren.

Tipp
Dazu schmecken Salzstangerl oder Semmeln.

Für 4 Portionen

Für das Gulasch

1 kg Rinderwadenschinken
1 kg Zwiebeln
3 Knoblauchzehen
2 EL Sonnenblumenöl
2 EL Tomatenmark
3 EL Paprikapulver
(edelsüß)
1 TL gemahlener Kümmel
1 TL getrockneter Majoran
Abrieb von ½ Bio-Zitrone
Salz
2 EL Mehl

DANKE

... für die Rezeptentwicklung:
Alexander Höss-Knakal

... für die Assistenz in der Küche:
Andrea Gottfreund und
Carlotta Pape

... für die regionale Expertise:
Jasmin Parapatits

... an das beste Team:
Hölker Verlag

Lisa Nieschlag

… ist Designerin, Kochbuch-Autorin und Food-Fotografin. Mit ihren fotografischen Inszenierungen macht sie zahlreichen Lesern Appetit auf mehr. Erst recht, wenn sie dann als Stylistin alles noch so geschmackvoll in Szene setzt. Die Küche ist Lisas kreativer und kulinarischer Kosmos. Lisa betreibt den beliebten Food-Blog „Liz & Friends".

www.lizandfriends.de

Lars Wentrup

… ist ein Allrounder: Designer, Illustrator, Feinschmecker und Testesser. Und er liebt Bücher. Angespornt durch das kreative Foodstyling und die eindrucksvollen Bildwelten schafft Lars die perfekte Plattform und bringt den – in jeder Hinsicht – guten Geschmack zu Papier. Seit 2001 führt Lars gemeinsam mit Lisa eine Agentur für Kommunikationsdesign in Münster.

www.nieschlag-wentrup.de

GLOSSAR
ÖSTERREICHISCH – DEUTSCH

Aranzini: Orangeat

Backrohr: Backofen

Beize: Marinade

Busserl: kleine Gebäckstücke, Kekse

Dampfl: Vorteig

Dille: Dill

dressieren: Teig in eine bestimmte Form bringen

Dressiersack/Spritzsack: Spritzbeutel

Eidotter: Eigelb

Eiklar: Eiweiß

Erdäpfel: Kartoffeln

Faschiertes: Hackfleisch

Frankfurter: Wiener Würstchen

Geflügelsuppe: Geflügelbrühe

glattes Mehl: Mehl (Type 550)

griffiges Mehl: Mehl (Type 405)

Kipferl: länglich gebogenes Gebäck, Hörnchen

Kletze: Dörrbirne (im Ganzen gedörrte Birne)

Kren: Meerrettich

Kohlsprossen: Rosenkohl

Lochschöpfer: Schaumkelle

Marillen: Aprikosen

Marmelade: Konfitüre

Maroni: Esskastanien, Maronen

Moccalöffel: kleiner Espressolöffel

Packerl: Päckchen

rasten lassen: ruhen/gehen lassen

Rastzeit: Ruhezeit

Ribisel: Johannisbeeren

Rindsuppe: Rinderbrühe

Rösterdäpfel: Kartoffelrösti

Rotkraut: Rotkohl

Salzstangerl: Salzstangen

Schlagobers: Schlagsahne

Schneekessel: Rührschüssel zum Aufschlagen über dem Wasserbad

Schulterscherzel: Schaufelstück oder Mittelbugstück, längliches Stück aus der Schulter vom Rind

Semmel: Brötchen

Staubzucker: Puderzucker

Striezel: Stollen, Hefezopf, gefüllte Teigrollen

Suppe: Brühe

Topfen: Quark

überkühlen lassen: erkalten lassen

wuzeln: drehen, wickeln

Zeller: Knollensellerie

Zwergorange: Kumquat

Impressum

FSC
www.fsc.org

MIX
Papier aus verantwor-
tungsvollen Quellen
FSC® C108521

5 4 3 2 1   26 25 24 23 22
ISBN 978-3-88117-284-4
© 2022 Hölker Verlag
in der Coppenrath Verlag GmbH & Co. KG
Hafenweg 30, 48155 Münster, Germany
Alle Rechte vorbehalten, auch auszugsweise
www.hoelker-verlag.de

Litho:
FSM Premedia GmbH & Co. KG, Münster

Printed in Germany

Autoren:
Lisa Nieschlag und Lars Wentrup

Gestaltung und Satz:
Nieschlag + Wentrup
Agentur für Kommunikationsdesign
www.nieschlag-wentrup.de

Rezeptentwicklung:
Alexander Höss-Knakal, *www.hoessknakal.com*

Food-Fotografie & -Styling:
Lisa Nieschlag, *www.lisanieschlag.de*

Food-Styling:
Andrea Gottfreund, *www.gottfreunds.de*

Wien-Fotografie:
Julia Dávila-Lampe (Seite 1, 16, 17, 42, 43, 55, 62)
Christian Kremser (Seite 24, 25, 32, 33, 46, 47, 54, 63)
Frantisek Czanner, Shutterstock (Titel)
Przemek Iciak, Shutterstock (Seite 8)

Geschichte:
Rosa Mayreder, Das Haus in der Landskrongasse
(Seite 36–41). In: dies., Das Haus in der Landskrongasse –
Jugenderinnerungen, Wien (Verlag Dr. E. Mensa) 1948

Redaktion:
Mareike Bartholomäus, *www.hafentexterei.de*

Lektorat:
Dr. Christine Schlitt